Money錢

Money錢

陳重銘的親子理財
15堂課

打造小小巴菲特
贏在起跑點

陳重銘 著
蔡嘉驊 繪

本書另有影音課程

小小巴菲特養成班

掃描訂購

| 作 者 |

陳重銘

台灣科技大學機械碩士,現職為作家、理財講師、全職投資人。

年輕時當過 5 年低薪的流浪教師,只能當個「不 Buy 教主」,努力開源節流,並積極研究股票投資,終於改變了自己的未來。

窮人靠工作,富人靠資產,最大的差別是投資知識。身為教師的他非常明白知識的力量,因此經營免費的部落格和粉絲團,分享投資理財觀念,並將 20 多年投資股市的經驗撰寫成書。

他相信,只要肯努力,每個人都可以改變未來,理財知識具有改變人生的力量,也是傳承給子孫的最大資產。

著作:《6 年存到 300 張股票》、《每年多存 300 張股票》、《教你存自己的 300 張股票》、《不敗教主的 300 張股票存股術》、《我用 1 檔 ETF 存自己的 18%》、《上班族的 ETF 賺錢術》

部落格及 FB 粉絲團:不敗教主陳重銘

| 繪 者 |

蔡嘉驊

專業插畫家,熱愛自然生態,繪圖經驗豐富,為國內多家出版社、企業、機關繪製插圖,以豐富的構圖想像力,陪伴許多大小朋友進入故事的世界。

★★★★★ 使用說明

本書共有 15 堂課，每堂課都分為 3 個部分：

第1部分 引言＋導讀 Q&A

年紀較小的小朋友，請爸爸、媽媽帶著他們一起閱讀，並試著將 Q&A 的主角換成自己和小孩，看看孩子會有什麼疑問或答案。

年紀較大的同學，則可以提出自己的想法，與父母一同討論。

第2部分 說故事時間

請小朋友先看故事前的圖畫，說說看，圖畫表達了什麼內容，接著再閱讀後面的故事。

第3部分 理財觀念

每篇故事後面都會講述一個理財觀念，並提供建議與做法，請爸媽和孩子讀完之後，一起想一想，生活中是否有相似的例子，也請孩子說一說，換成自己時會怎麼做。

最後，請爸媽帶領孩子一起擬定存錢計劃，正式開啟投資理財的第一步！

目錄 CONTENTS

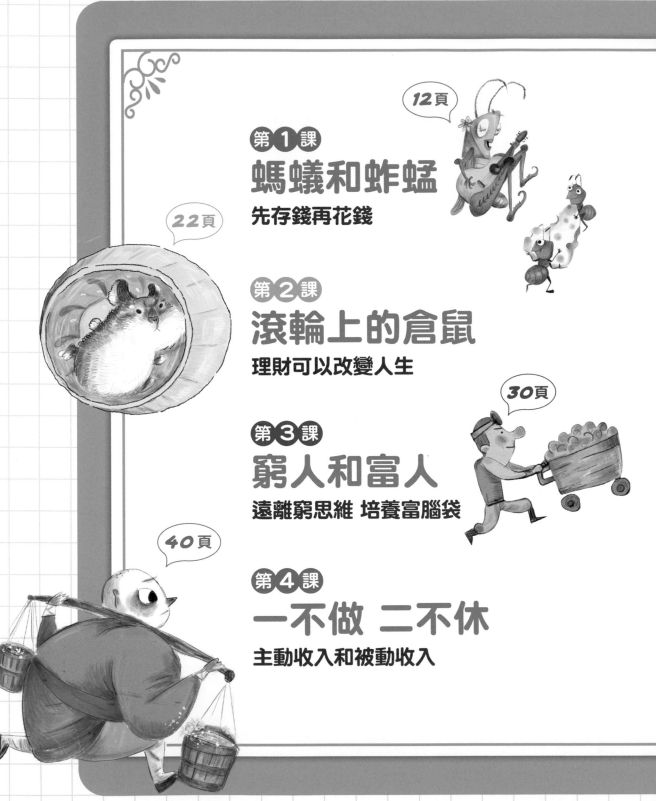

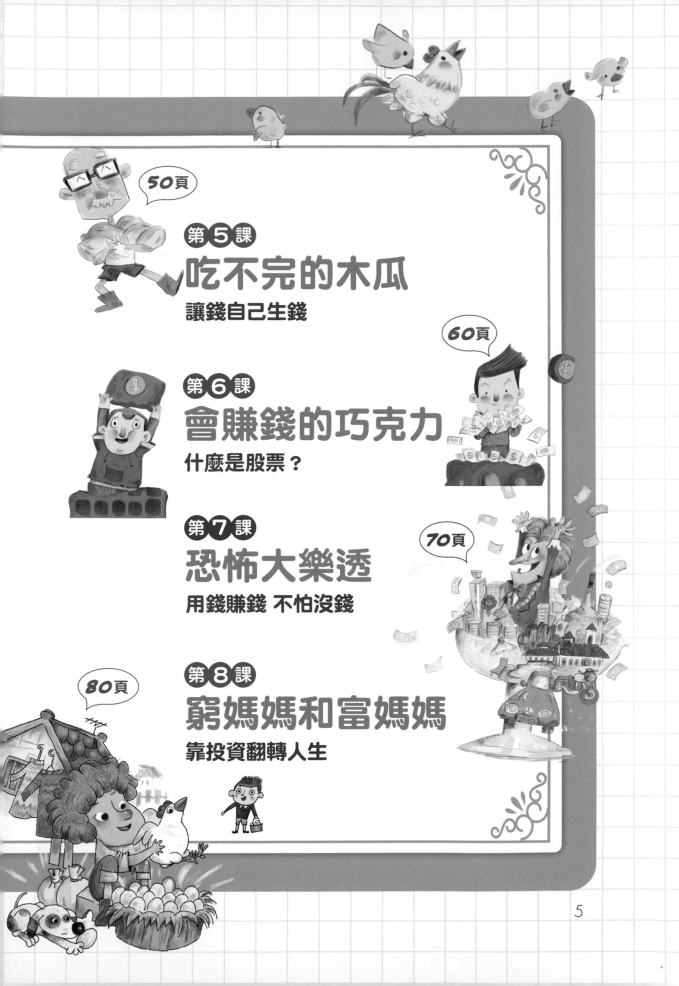

5

目錄 CONTENTS

★★★★★ 自序

我有 3 個小孩，在學校教了 23 年的書，完全可以體會家長「望子成龍」的期盼。我看過許多家長為了孩子的成績煩惱，甚至寢食難安。小孩子則是背負父母「孩子我要你將來比我強」的包袱，拼命的補習和學一大堆的才藝，也是苦不堪言。

記得有一天晚上 9 點，我走去公園散步，經過某家收費很「高級」的私立中學，學校才剛放學，一群背著很重書包的學生擠滿路口，看得我有一點感慨！孩子的童年只有一次，偏偏被課本和考卷壓到喘不過氣來。就算是這麼努力讀書，每個學生都可以金榜題名嗎？從名校畢業之後，人生就一片光明了嗎？

童年時我住在農村，經常在田裡面抓蜻蜓、蝴蝶，在池塘和水溝抓小魚，無憂無慮又開心。或許我比較聰明，又比別的小孩勤奮，小學的考試成績總是名列前茅。讀國中進入升學班，老師們非常認真的鞭策我們，一天考 5 次小考是很平常的事，而且是「90 分及格，差 1 分就打 1 下」，國中 3 年我每天讀書到凌晨才能上床睡覺。

　　儘管高中和大學時期的我比較愛玩，當兵退伍後也考上了台大和其他大學的研究所，只是我拒絕台大，聽起來似乎很厲害。但是我的工作生涯並沒有一帆風順，我當過 5 年的流浪教師，前前後後換了 6 個工作，最後也只是一個高職機械科的教師。

　　我們這麼辛苦讀書，目的還不是要工作賺錢養家。為了小孩的教育與生活費，夫妻兩人都要上班賺錢，小孩只能夠送到安親班。安親班也一直拿「贏在起跑點」來洗腦，父母只好掏出錢來讓小孩學才藝、美語、作文、鋼琴……儘管錢花了很多，但是我的 3 個小孩最後都沒有考上公立大學。

　　就算會讀書、名校畢業，將來的人生也不一定會高人一等。我讀了 18 年的書，考上台大，還拒絕台大，又怎麼樣呢？一樣是辛苦工作了 25 年，最後還是靠著我自學的投資理財，幫自己打開了另一扇窗，我才可以提早退休。

台灣股市是金雞母和搖錢樹，每年發放超過台幣 1 兆元的現金股利，股利的來源是，有很多優秀企業和優秀員工在努力賺錢。所以，就算你的小孩不會讀書、考不上名校、找不到高薪的工作，一樣可以靠股市這棵搖錢樹來幫你的小孩賺錢！

投資理財才是改變人生的最大推手，可惜在台灣升學為主的教育環境中，往往忽略了這方面的教育！請不要怪學校沒有教，那是因為老師一樣是在靠勞力賺錢，也不一定懂理財，所以理財教育還是要靠家長自己來。

提醒一下家長，種一棵搖錢樹需要 20 年的時間，所以要越早種下越好。前人種樹，後人才可以乘涼！在孩子出生時幫他種下小樹苗，跟著小孩一起長大，等到小孩大學畢業時，搖錢樹也長成大樹了！此時，孩子上班工作領一份薪水，再從搖錢樹搖一些股利來幫忙繳房貸，人生會輕鬆很多。

人生真的不輕鬆，像我認真讀書 18 年，辛苦工作 25 年，一下子就耗費了 43 年的光陰。很多人要工作到 65 歲退休後，才可以輕鬆自由一下，但是年紀大了、體力衰退了，無法完成年輕時的夢想。人生辛苦一輩子，最終追求的還是「自由」，只是你要先達到財務自由，才不用被工作消磨掉寶貴的人生。

從小幫小孩種搖錢樹，就是幫孩子開啟另一個可能，幫小孩真正贏在起跑點上。但是，孩子也需要具備投資理財的知識，才能夠守住父母辛苦種下的搖錢樹，並持續灌溉，讓它長得更高、更壯，可以搖下更多的股利。

理財教育應該從小做起，本書跳脫一般教科書式的寫法，用 15 個小故事，啟發小朋友關於負債、資產、主動收入、被動收入、財務自由等觀念，讓孩子從小知道，金錢是一個工具，學會妥善使用金錢，並讓錢為自己工作。天下父母心，如果你希望小孩能夠贏在起跑點，請增加孩子的投資知識，並提早幫孩子種下一棵搖錢樹。

有了這棵搖錢樹，你的小孩不用再辛苦擠名校，不用被工作消磨掉一輩子，可以提早自由自在的過生活，完成自己的夢想，這才是真正贏在起跑點。

2021 年 4 月

第1課

螞蟻和蚱蜢

先存錢再花錢

小朋友拿到零用錢之後，會想要趕快花光光，還是會想要存下來呢？有些人經常吃喝玩樂，看起來過得很幸福，但這種日子真的值得羨慕嗎？是不是有什麼危險呢？

爸爸

妳知道爸爸為什麼有時候連假日都要工作嗎？

是因為工作太多做不完？

女兒

爸爸

不是，是為了要多賺一點錢備用啊！

錢不是夠用就好了嗎？

女兒

13

螞蟻和蚱蜢

夏天的時候，螞蟻們辛勤的工作，努力蒐集稻穀和昆蟲屍體，以便冬天有糧食可以食用。可是，蚱蜢卻不是如此，牠每天快樂的唱歌，過一天算一天，因為牠認為「人生短暫，必須及時行樂」，就把儲糧的事情拋到九霄雲外去了。

日子一天一天過去，寒冷的冬天終於降臨了，北風呼呼地吹，許多昆蟲都躲在家中過冬。螞蟻因為夏天的辛

勞，準備了許多的糧食，可以安心的度過整個冬天。可是貪圖享樂的蚱蜢卻要挨餓了，誰叫牠只顧著在夏天享樂，忘記提前準備冬天的糧食。

先存錢再花錢

儲蓄的道理和念書、考試一樣，平日做好充分的準備，才能夠有備無患。如果每天回家都能用功讀書，把知識儲存在腦袋中，考試前就不用臨時抱佛腳。將來長大，開始工作賺錢之後，也要好好儲蓄，不要隨便把錢花光光。

例如2020年新冠肺炎大流行，很多公司暫時停止營業，導致員工也沒有薪水可以領，如果這些員工平時沒有儲蓄，很可能就要餓肚子了。

那麼要儲蓄多少錢才夠用呢？答案是，至少要準備半年到1年的生活費。舉例來說，如果每個月的生活費是3萬元，就要儲蓄18萬到36萬元，萬一將來要換工作，或者是突然失業，才不用過苦日子。

$ 不要當個月光族

小明是一個上班族,每個月的薪水是3萬元,但是他都沒有做好金錢的安排,月初發薪水時跟朋友到處吃喝玩樂,活得像皇帝;到了月底沒有錢了,只好到處跟朋友借錢,活得像一個乞丐。這種每個月都把薪水花光光的上班族,就被大家戲稱為「月光族」。

小明要如何避免當一個月光族呢?首先要把每個月3萬元的薪水做適當的規劃,假設每個月房租、水電的基本開銷是1萬元,還要儲蓄5千元,這樣一來,小明的生活費只剩下1萬5千元;把1萬5千元除以每個月30天,得出他1天平均只能花500元,而且絕對不可以超過。如此一來,小明就不會成為月光族。

$ 這樣存錢才正確

為什麼很多人都存不到錢呢?因為他們選擇先花錢,如果有剩下的錢才會存起來,可是這樣的人通常都會把錢花光光,也就沒有錢可以存了。所以,存錢的重點就是「先存錢、再花錢」。例如小明在拿到薪水後,先把5千元存起來,剩下的才可以當成生活費花掉,這樣就可以存到錢。

知識 ✛

通貨膨脹

小學生都很喜歡吃的科學麵，是在 1978 年上市，當時 1 包的售價只有 4 元，可是到了 2018 年，1 包科學麵已經變成 10 元，40 年漲了 2.5 倍。

東西會越來越貴，這就叫「通貨膨脹」，簡稱「通膨」；而每年變貴的比率，就叫做「通膨率」。科學麵在 40 年內漲了 2.5 倍，平均每年的通膨率是 2.3%，也就是每年會貴上 2.3%。

通膨會讓物價變貴

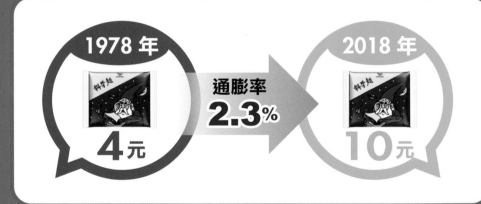

按照這個比率計算，再過 40 年（2058 年），科學麵會漲價到 1 包 25 元。如果在 2018 年你的小豬撲滿有 100 元，當時可以吃得起 10 包科學麵，可是到了 2058 年，你就只買得起 4 包而已。你存在小豬撲滿的 100 元並沒有減少，但是錢的購買力卻下降了。

通膨率＞定存利率

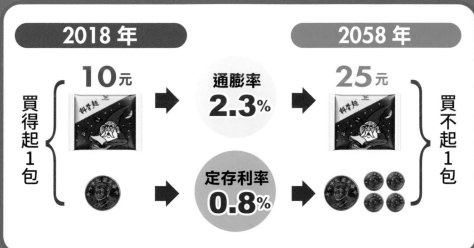

| 2018 年 | | 2058 年 |

假設小明在 2018 年少吃 1 包科學麵，把 10 元存在銀行，每年的利率是 0.8%，40 年後這 10 元會變成 14 元，可是科學麵卻變成 25 元，反而買不起科學麵了。

通膨會讓物價越來越貴，所以不要存太多的錢在撲滿裡面，撲滿不會給你利息。那麼把錢放在銀行好不好呢？銀行會給利息吧！2021 年銀行的 1 年期定存利率只有 0.8%，也就是你的錢每年只會增加 0.8%，可是科學麵每年會貴 2.3%，代表利息增加的幅度跟不上物價的漲幅！

那麼要把錢放在哪裡呢？當然是買進好公司的股票！科學麵是「統一」這家公司出品的，當科學麵漲價的時候，統一也會賺到更多錢，如果小明把錢拿去投資統一，當統一的股東，等統一賺了錢，就會分給小明，小明就再也不怕科學麵漲價了。

第2課

滾輪上的倉鼠
理財可以改變人生

小朋友有沒有想過，人們拼命工作、努力賺錢的目的到底是什麼呢？也許你會說，是為了「買自己想要的東西」，但如果想要的東西很多，到底要賺多少錢才會夠呢？

女兒 領到壓歲錢，我可以全部拿去買衣服和想要的玩具嗎？

妳把錢都花光了，就要再等一年才能買想要的東西，如果存下來，錢有可能變成 2 倍，你就能花一半、再存一半喔！ **爸爸**

女兒 蛤～那我要等多久啊？

別急！要有耐心！ **爸爸**

滾輪上的倉鼠

有一天，小明和同學一起逛寵物店，看到了一窩小倉鼠，這些小倉鼠有著水汪汪的眼睛，吃起東西來非常可愛，讓小明深深的愛上牠們，便在回到家之後跟媽媽吵著說想養小倉鼠。後來媽媽和小明約定，如果小明這次月考努力一點，考三個一百分的話，就可以把小倉鼠帶回家。

從那一天起，小明非常努力的念書，終於拿到了三個一百分，也如願以償得到了一隻小倉鼠。第一次養寵

物的小明非常開心，因為小倉鼠實在是太討人喜歡了，小明不停餵牠吃飼料，沒過多久，小倉鼠竟然變成了胖倉鼠！

也因為變胖的關係，小倉鼠漸漸變得不愛走動，每天懶懶的一直睡覺。為了要讓小倉鼠減肥，小明特地去買了一個滾輪給牠運動。一開始小倉鼠並不愛跑步，但是小明每天都會等到小倉鼠跑完了，才給牠吃飼料，久而久之，小倉鼠就知道牠必須跑完滾輪才會有飼料吃，也就乖乖的跑步運動了。

理財可以改變人生

　　小倉鼠生活空間狹小，只能在滾輪上面跑步運動，一生就是睡覺、跑步、吃飼料、再睡覺。這樣單調枯燥的生活，是不是讓你覺得有點可憐呢？

　　人的一生不一定比倉鼠輕鬆，例如在大學畢業後就要開始工作賺錢養活自己，一旦結婚，還要背負 20 年的房貸來買房子，等到小孩子出生之後，又增加了小孩的開銷和學費，還要買車帶全家人出去玩，寒暑假可能會全家出國旅遊，又增加了很多花費……所以人的一生就是不斷在「賺錢→花錢→賺更多錢→花更多錢」這個「滾輪」上跑個不停，是不是跟倉鼠在滾輪上面跑步一樣呢？

　　大多數人就是這樣跑個不停，沒辦法好好休息喘口氣，等到房貸繳清了，孩子也長大、各自上班時，才能夠停止「在滾輪上

跑步」這個遊戲，可是這時頭髮已經白了，體力也衰退了，人生早就過去一大半。

$ 用 2 個方法逃離滾輪遊戲

如果不想跟倉鼠一樣，在滾輪上跑個不停，到底該怎麼做呢？我教大家兩個方法：

1 避免惡性循環

很多人的一生就是「起床、上班、付帳，再起床、再上班、再付帳……」於是必須不斷追求「更高的薪水」，然後再背負「更大的帳單」，這樣就成了一個惡性循環，一輩子也無法從「在滾輪上跑步」的遊戲中逃出來。想要避免惡性循環，最重要的就是不要亂花錢，應該把錢花在正確且有益的地方。

2 投資自己

理財知識的多寡，是變成窮人或富人的主要原因。所以要多讀書，學習投資理財的相關知識，學習跟有錢人一樣思考，提升自己的價值，讓你早日脫離「在滾輪上跑步」的遊戲，取回人生的發球權。

第3課

窮人和富人

遠離窮思維 培養富腦袋

為什麼世界上有富人，也有窮人？富人是天生就有錢嗎？窮人都好吃懶做不肯努力嗎？你知不知道，不一樣的賺錢方法，可能會讓人的命運變得完全不一樣喔！

妳知道世界上前 1% 的有錢人，擁有的財富比其他 99% 的人加起來還多嗎？

為什麼他們可以那麼有錢呢？

 因為他們懂得靠錢和其他人幫他賺錢。

錢也會賺錢嗎？ 女兒

窮人和富人

從前有一個窮人，每天都吃不飽、穿不暖，於是他跪在佛祖面前痛哭流涕，心裡哀嘆著他天天幹活、累得半死，卻得不到溫飽。哭了一陣子之後，他跟佛祖埋怨道：「這個世界真是太不公平了，為什麼富人可以天天悠閒自在，而窮人卻要天天吃苦呢？」

沒想到佛祖居然顯靈，微笑地問道：「那要怎樣你才會覺得公平呢？」

窮人急忙回答：「讓富人和我一樣

窮，做一樣的工作，如果富人還是可以變成有錢人，那麼我就心甘情願，不會再抱怨了。」

於是佛祖找來了一個富人，把富人變得和窮人一樣窮。然後佛祖給了他們兩人各一座煤山，裡面有很多煤炭，富人跟窮人可以每天去挖煤炭，賣掉之後，再用錢來買生活用品，但是挖煤炭的期限只有一個月。

第一天，窮人和富人一起去挖煤炭，由於窮人平常習慣做苦工，很快地就挖了不少煤炭出來，用車子載去市場上賣了錢，拿來幫家人買了雞鴨魚肉等好吃的食物。

可是那個富人平時養尊處優，一開始挖煤炭就累得滿頭大汗，只能一邊挖、一邊休息，到了傍晚才勉強挖了一車的煤炭，一樣拿到市場去賣錢，不過他只買了幾個便宜的麵包來果腹，其餘的錢都存了起來。

到了第二天，窮人又趕緊到山上挖煤炭，賺錢來給家人吃好料。但是富人卻跑到市場去，用昨晚賣煤炭剩下的錢，請到兩個身強體壯的工人，帶他們去挖煤炭。富人站在旁邊指手畫腳地監督

著，只用了一個早上的時間，兩個工人就挖出了許多煤炭。富人把煤炭賣掉之後，又拿錢多雇了幾個工人，一整天下來，富人賺到的錢是窮人的好幾倍。

很快的一個月過去了，窮人只挖了煤山的一角，並且把每天賺來的錢拿給家人去大吃大喝，當然就沒有存到錢。而富人早就靠著一群工人挖光了煤山，賺到了許多錢，他再用這些錢投資做生意，很快又成為富人。看到這個結果之後，窮人再也不敢跟佛祖抱怨了。

遠離窮思維 培養富腦袋

從上面的故事中我們可以學到，窮人只是靠自己去挖煤炭，但是，一個人可以挖多少出來？一天又可以挖多久？萬一生病了，沒有收入，家人就要餓肚子了！所以我們應該學習有錢人，善用工人來幫自己工作。

美國的石油大王洛克菲勒，曾經掌控美國 90% 的煉油產業，大家紛紛問他成功的要訣，他說：「把我丟在沙漠中，只要給我一個駝隊，我一樣能重新建立商業帝國。」洛克菲勒年輕時利用許多工人幫自己建立企業王國，退休後他專注在慈善事業，再用企業賺來的錢去幫助不幸的人，成為享譽世界的大慈善家。

富人跟窮人最大的差別，不
在於體力和體型的大小，而是在於
「有錢人」的腦袋。我們要學習有
錢人，善用別人的體力、專業、時
間，來幫自己賺錢，這樣不僅可以
賺到更多錢，還能提早退休，並對
社會做出更大的貢獻。

第4課

一不做 二不休
主動收入和被動收入

小朋友看到爸媽每天早出晚歸、拼命賺錢，是不是覺得很辛苦呢？人的一生，難道只能靠上班、打工賺錢嗎？有沒有更省力的方式，可以賺到跟上班一樣穩定的收入呢？

女兒 上班感覺好累喔！有什麼方法可以不要上班呀？

有一個方法可以讓妳比別人更早脫離上班的日子。 **爸爸**

女兒 什麼方法？

想辦法賺進被動收入！ **爸爸**

一不做 二不休

從前從前有一座山，山上有兩座廟，分別住著一休和二休兩個小和尚。因為山上沒有水源，所以一休和二休每天都相約到山下的小溪去提水。

有一天，二休去提水時，發現一休沒有來提水，他擔心一休是不是生病了，就到一休的廟裡去探望。沒想到，一休卻悠閒地在花園裡澆花，二休好

奇地問他：「你今天沒去溪邊挑水，怎麼有水可以澆花呢？」

一休笑著指著旁邊的一口井說：「過去一年，我每天早上挑完水之後，都會利用下午的時間來挖井，現在井挖好了，井水源源不絕地流出來，我就再也不用去挑水了。」

從此以後，一休再也不用下山挑水（不用做事），二休和尚卻要天天去挑水（不能休息），也就是「一不做，二不休」。

主動收入和被動收入

　　休和尚除了每天挑水之外，還利用下午休息的時間努力挖井，之後井水就會自己流出來，再也不怕沒水喝了。

　　可是二休和尚呢？因為山上沒有水源，他要天天下山去挑水，一旦偷懶就會沒水喝。萬一二休和尚生病了，或是有事沒辦法去挑水，那要怎麼辦呢？

　　這個故事告訴我們，認真挑水很重要，但是努力挖好一口井，比每天辛苦挑水還重要喔！

主動收入和被動收入是什麼？

● 主動收入

像二休和尚一樣，必須辛苦的付出勞力和時間，才能夠有所收穫，就叫做「主動收入」。

例如小朋友的爸爸媽媽、學校的老師跟警衛，每天都要付出「專業能力」和「時間」，努力工作才能夠領到薪水，這就是主動收入。社會上大多數的上班族，如果不去上班，就會領不到薪水，也就沒有錢繳房貸和撫養小孩了。

● 被動收入

一休和尚花一年的時間挖好一口井，從此再也不用辛苦的到山下挑水，井水會自己源源不絕的流出，這就是「被動收入」。

周星馳的電影《功夫》裡面的包租公和包租婆，每天都不用工作，就有房租可以拿，這也是「被動收入」喔！

💬 當房東就能快樂退休

　　看完這個故事之後，我們可以發現，大多數上班族都要工作一輩子來賺取「主動收入」，真的很辛苦。可是社會上也有少數人，不必工作，就能悠閒的收房租、領股利，靠著「被動收入」來過活，太幸福了。

　　你希望自己將來是賺「主動收入」，還是「被動收入」呢？或許你會說：「我又不是富二代，以後怎麼會有房租可以收呢？」讓老師來告訴你一個小故事：

　　從前有一對年輕夫妻，跟房東租了一間店面，開了一家自助餐廳，這對夫妻很勤勞，每天從早到晚忙著買菜、切菜、煮飯，還有招呼客人，好不容易賺到錢，卻還要給房東一個月 5 萬元的房租，真的是不輕鬆。

　　可是她的房東好吃懶做，又喜歡賭博，常常跟這對夫妻借錢，於是這對夫妻就利用這個機會，拿借出去的錢慢慢的跟房東買這個店面。20 年之後，這個店面終於變成這對夫妻的，然後這對夫妻的年紀也大了，沒有體力經營自助餐廳，於是就把店面租出去，靠著收房租就可以快樂退休，從此再也不用工作。

💲 被動收入帶來財務自由

這對夫妻就跟一休和尚一樣,一開始努力賺取「主動收入」,然後利用主動收入來買下店面,幫自己創造房租這個「被動收入」。一旦被動收入(房租)超過主動收入(工作薪水),從此就可以將工作開除,再也不用辛苦工作賺錢,你的人生就自由了。

這個故事告訴我們,人的一生除了要認真工作賺錢之外,更要努力幫自己創造被動收入,例如買進店面,或者是投資股票。當你的房租或股利收入超過你的生活支出時,你就達到「財務自由」了。

第5課

吃不完的木瓜

讓錢自己生錢

我們已經學到了儲蓄和理財的重要,那麼,你知道用錢來投資,就可以大錢生小錢,讓財富源源不絕嗎?如果希望錢永遠夠用,到老都不用擔心,我們又該怎麼做呢?

爸爸 妳知道爸爸為什麼這麼喜歡買股票嗎？

不知道耶！為什麼呀？ **女兒**

爸爸 因為好的股票會自己賺錢，還會自己生小股票，一直生、一直生……不就永遠都有錢可以賺了嗎？

那我也想來學如何買股票！ **女兒**

51

吃不完的木瓜

小時候陳老師住在農村的三合院，我的阿媽養了很多隻雞和鴨，我經常看著母雞孵小雞，等小雞長大了，又繼續生蛋孵小雞，就這樣生生不息，所以我每年都有很多小雞可以玩。

後院的豬圈裡還養著兩頭豬，我一直很討厭豬圈糞水的味道，但是旁邊長了一棵很大的木瓜樹，我猜應該是豬糞很營養吧！

我的阿公很喜歡吃木瓜，有一回阿公吃完木瓜之後，帶著我們幾個小孩子，把木瓜籽種在豬圈旁邊，過沒多久，又長出了許多小木瓜樹，我看著它們一天一天長大，家裡也有了吃不完的木瓜。

讓錢自己生錢

想要有吃不完的木瓜有兩種方法，第一種方法就是買很多木瓜放在家裡，但是這樣會把冰箱塞滿，而且要花很多錢；第二種方法就是種幾棵木瓜樹，只要一直結果、一直結果，就會有吃不完的木瓜了。

小朋友，你覺得哪個方法比較好呢？很多人長大以後覺得錢不夠用，可是薪水又只有一點點，便幻想能夠中樂透頭彩，一次得到一大筆獎金，可是又有幾個人能夠中大獎呢？

其實錢並不是越多越好，而是要像木瓜結果一樣，有穩定的收入來源，例如一個上班族一個月要花費 4 萬元，他每個月都可以穩定的賺到 5 萬元，那麼他的錢就會花不完。所以，投資也要

像種木瓜一樣,找到穩定生錢的來源,買股票、領股利就是很好的投資方式。

💲 雞蛋不要放在同一個籃子裡

如果只種木瓜樹,每天吃木瓜,會不會膩呢?萬一木瓜樹都生病,那不就沒有木瓜可以吃了嗎?

如果把多餘的木瓜拿去跟別人交換橘子、芭樂的種子,再拿到果園裡種,這樣除了有木瓜樹之外,還會有橘子樹和芭樂樹,就算木瓜樹都生病了,還是有其他的水果可以吃,不就分散了風險嗎?

💲 賣不出去的香蕉

前一陣子非常流行夾娃娃機,結果許多商店都改裝成為夾娃娃機店,但是在夾娃娃機店越來越多的情況下,每一家店能賺到的錢變得越來越少,有的店就不得不倒閉關門了。

再舉另外一個例子,2018 年的時候,1 公斤的香蕉價格只剩下 6 元,農民們紛紛哭訴不符成本,讓他們賠錢。這又是為什麼呢?因為前一年的香蕉價格非常好,所以很多農民都改種香蕉,

結果大家一起收成，香蕉的產量太多，導致價格下跌，很多香蕉賣不出去，農民只好賤價出售，當然就賠錢了。

有一句話說「人多的地方不要去」，意思就是，當大家生產同一種東西，或經營同一種事業，很可能會造成供過於求，甚至賠錢收場。

所以在投入資金開設夾娃娃店、或種香蕉之前，都應該先做好市場調查，把握「物以稀為貴」的原則，不要搶著跟大家販賣一樣的產品，才會具有稀有性和獨特性，也才能夠賺到錢。

這一課告訴我們，只要種幾棵木瓜樹，你就會有吃不完的木瓜，將來投資股票的觀念也是一樣，買的股票要跟木瓜樹一樣，能夠不斷地生出木瓜來，也就是公司會把賺到的錢分給股東。

接下來，記得要做好分散，不要將雞蛋都放在同一個籃子裡面，也就是要分散投資不同產業的股票，才可以分散風險。

什麼是股利？

我們買進一家公司的股票，就會變成它的股東，
當那家公司賺錢的時候，就會把利潤分給我們，
這就是「股利」。

股利又可以分為「股票股利」和「現金股利」，
有的公司兩種都會分發，也就是「配股」又「配
息」，有的公司只會分發其中一種，也就是只配
股或只配息。

第6課

會賺錢的巧克力

什麼是股票？

小朋友一定常聽到大人提到「股票」這2個字吧？股票是投資市場中很重要的投資工具，想要學習投資，就一定要懂得什麼是股票，並充分了解，它為什麼能夠幫我們賺錢。

爸爸：今天股票有賺錢，乖女兒，爸爸請妳吃飯。

女兒：好啊，回來時順便去便利商店買我最愛吃的巧克力。

爸爸：既然妳那麼喜歡吃巧克力，爸爸就來說一個巧克力公司的故事，順便讓妳了解什麼是股票。

女兒：等我學會以後，也要靠股票賺大錢。

會賺錢的巧克力

小朋友都知道漫威電影裡的雷神索爾很威風，但你知道，有一款巧克力的名稱也叫做雷神嗎？日本有樂製菓發售的「雷神巧克力」，多年前曾在台灣大大流行過，當時因為有很多部落客誇張推薦，代理商又採用「物以稀為貴」的限量促銷方法，導致大家瘋狂搶購，有錢也不一定買得到。

「雷神巧克力」正流行時，小華看到了賺錢的機

會，打算從日本進口雷神巧克力回台灣販賣，於是他找了小王跟小明這兩位好朋友，一起成立了一家巧克力公司。三人約定好，小華出資四十萬元、小明和小王則各出資三十萬元，這筆一百萬元的資金，就成為巧克力公司的「資本額」，也稱為「股本」。

巧克力公司就拿這一百萬元，租了一間辦公室，聘請了幾位員工開始營運。扣掉辦公室的租金、水電費、員工薪水、買巧克力的成本等，公司開始賺錢了，一年可以賺到三十萬元。三個好朋友因為經營公司有成，相約今後都要一起合作，有錢一起賺。

什麼是股票？

小華與好朋友合開巧克力公司的故事，暗藏了很多股票的知識喔！故事中提到的資本額，就是一家公司的股本，而3個人都有拿錢出來投資，所以他們都是公司的股東。接下來還要為大家介紹什麼是股票、股利，以及如何買賣賺取資本利得。

首先是股票。小華等3人成立了巧克力公司之後就要發行股票。按照規定，股票最小的單位是「1股」，1,000股可以變成1張股票，然後1股的面額是10元，1張股票就是1萬元。

巧克力公司的資本額是100萬，總共可以發行100張股票。因為小華出資40萬元，就拿到了40張股票，小明和小王各出30萬元，因此各拿到30張股票，於是小華擁有0.4家公司、小明和小王則各自擁有0.3家公司。

公司在去年賺了 30 萬元，這筆錢要怎麼分配給股東呢？3 個人召開了股東大會，會議中決議把其中的 20 萬元發放給股東，這筆錢叫做「現金股利」；另外的 10 萬元則存在公司裡，當作「保留盈餘」，以備將來的不時之需。

公司有 100 張股票，現金股利 20 萬元，因此每張股票可以分到 2,000 元，1 張股票有 1,000 股，也就是每 1 股可以領到 2 元的現金股利。因為小華擁有 40 張股票，所以可以分到 8 萬元（40 張 ×2,000 元）、小明和小王則各自分到 6 萬元。只要公司賺越多，他們拿到的現金股利也會越多。

💲 股票買賣與資本利得

後來雷神巧克力的熱潮很快就過去了，小華打算進口熱門動畫《鬼滅之刃》的周邊商品來台灣販售，可是小明和小王不同意。儘管小華擁有 0.4 家公司，也就是 40 張股票，小明和小王各自只有 30 張股票，沒有小華多，但是公司的所有決議都要經過投票表決，小明和小王加起來有 60 張股票，相當於 0.6 家公司，贏過小華的 0.4 家，兩人只要意見相同，就可以聯手反對小華提出的意見。

投票失敗後，小華知道他必須擁有超過一半的公司，也就是擁有 51 張股票（相當於 0.51 家公司），才可以當家做主。可是小華只有 40 張股票，他必須跟小明或小王購買 11 張股票；他知道小王最近想要買新車，正在煩惱沒有錢，於是跟小王提議，要跟他購買 11 張股票。

　　小華提議用公司剛成立時，1 張股票 1 萬元的價格來購買，可是小王覺得，公司有賺錢，要用 1 股 20 元出售，也就是 1 張股票要賣 2 萬元。在經過一番討價還價之後，最後用 1 股 18 元的價格成交。

　　小華為什麼願意用較貴的 18 元來購買呢？首先，他可以擁有超過一半的股票，來主導公司的決定，其次，每 1 股可以得到 2 元的現金股利也相當不錯。那麼賣出 11 張股票的小王，可以賺多少錢呢？

　　在成立公司的時候，1 股的面額是 10 元，這是小王付出的資金成本，後來他用 1 股 18 元賣掉，每 1 股賺了 8 元，這就是用資本賺到的錢，稱為「資本利得」。從這裡可以看出，只要公司有賺錢，股東或投資人就有機會賺到資本利得。

小故事大啟示

買股票要挑對好公司

在挑選要投資的公司，亦即買進股票時，應該優先選擇有在賺錢的好公司。以這家巧克力公司為例，股東們付出 1 股 10 元的成本，但是每年可以拿到 2 元的現金股利，報酬率高達 20%，賣出股票時，也可用超過 10 元的價格來賣出。

所以，投資股票的重點是「買進賺錢的好公司」，就有機會同時賺到「股利」與「資本利得」。

第7課

恐怖大樂透
用錢賺錢 不怕沒錢

很多人都有發財夢，夢想能中大樂透，成為千萬富翁。但如果隨便花錢，錢再多也會不夠用。學會投資理財，用錢來賺錢，才能穩定累積財富，不怕沒錢花。

女兒 新聞報導，有人中了上億元的大樂透，馬上成為有錢人，我也想來買！

爸爸 別做發財夢了！中大樂透的機率，比被閃電擊中還低，學會投資理財，妳就能讓錢幫妳賺錢，也能變成有錢人。

女兒 投資理財聽起來很難耶！小朋友也要學嗎？

爸爸 當然！理財要趁早，只要有心學習，一點也不難喔！

恐怖大樂透

小朋友有沒有看過爸爸媽媽買彩券呢？台灣的威力彩在民國一百零九年七月二十七日累積了史上最高的三十一億元獎金，很多人都想成為幸運女神眷顧的對象，在開獎前紛紛排隊買彩券，想要一圓發財夢。最後開獎由兩個人平分三十一億元的獎金，絕大多數人都「槓龜」了。但中了頭彩就可以改變人生嗎？

國外有個例子，在英國有個叫麥可・卡羅爾（MichaelCarroll）的年輕人，

在民國九十一年贏得九百七十萬英鎊（約台幣三‧七億元）的大樂透頭獎，那時候的他只有十九歲。中獎之後，他突然從平凡人變成大富翁，從此改變了人生。

漸漸的，卡羅爾花錢花上癮，買東西完全不看價錢，喜歡的就全部買回家。他不僅買了昂貴的豪宅和跑車，三不五時還約朋友喝酒、賭博，甚至開始吸毒。他的家人不但沒有阻止他，反而一直向他要錢。

後來他迷失了人生的方向，因吸毒和酒駕不斷地進出監獄，最後在民國九十九年申請破產，之後只能靠著政府的救濟津貼過活。

用錢賺錢 不怕沒錢

為什麼有了 3.7 億元還不夠花呢？小朋友知道 1 億元是多少錢嗎？一般上班族平均月薪約 5 萬元，一年的所得就是 60 萬元，必須工作 167 年才可以賺到 1 億元，看起來很多，但是如果隨便花錢，早晚還是會不夠用。

例如買幾百萬元的珠寶首飾、上千萬元的超級跑車，再加上吸毒和賭博，有再多錢也不夠花，就算是大樂透的得主也會破產。大家都知道，工作賺錢很辛苦，但又很容易胡亂花錢，為什麼會這樣呢？

因為一般人只懂得工作賺錢與花錢，突然拿到一大筆錢，除了開心花錢之外，根本不曉得該如何善加運用。不斷亂花錢，就算有金山、銀山，也會很快花光光。所以除了工作賺錢與花錢之外，更要學習如何用錢去賺錢。

$ 銀行是用錢賺錢的高手

　　小朋友一定都知道銀行，爸爸、媽媽把錢存在銀行，就可以收取一點點的利息，銀行會把我們存進去的錢，拿去投資賺更多錢，我們可以說，銀行是用錢賺錢的高手。

　　如果你買進銀行的股票，便會成為銀行的股東，銀行賺到錢後就會分給你。舉個例子來說，兆豐金（2886）是官股金控的模範生，什麼是官股金控呢？就是政府持有這家金控公司的部分股權，業務由政府主導。簡單來說，官股金控有政府當靠山，不可能隨便就倒閉，所以風險很低。那麼投資兆豐金控的報酬率是多少呢？我們來看一下它過去幾年的報酬率表現。

兆豐金（2886）近 6 年報酬率

年度	2015	2016	2017	2018	2019	2020	平均
現金股利	1.4 元	1.5 元	1.42 元	1.5 元	1.7 元	1.7 元	1.5 元
年均股價	24.8 元	22.8 元	24.2 元	26 元	29.3 元	30.8 元	26.3 元
報酬率	5.6%	6.6%	5.9%	5.8%	5.8%	5.5%	5.9%

如果你在 2019 年，用當年的平均股價 29.3 元買進一股，當年就可以領到 1.7 元的現金股利，報酬率是 1.7 除以 29.3 等於 5.8%。從前頁表格可以看出，在 2015 到 2020 年間，兆豐金每年的報酬率都很穩定，平均報酬率為 5.9%。像兆豐金這種有政府當靠山，每年的現金股利和報酬率都很穩定的金控公司，就可以長期投資。

那位英國年輕人如果把中獎的 3.7 億元，統統拿去買兆豐金的股票，每年賺取 5.9% 的報酬率，那麼每年就可以領取 2,183 萬元的現金股利，平均一天就是 6 萬元。每天有 6 萬的股利可以花，相信再也不用上班了，可以到處旅遊吃大餐，而且他完全不會用到 3.7 億元的本金。

如果不懂得用錢賺錢，只會任意花錢，就算有再多錢也不夠用。重點還是要懂得用錢來賺錢，例如買進官股金控的股票，長長久久的領股利，一輩子就可以高枕無憂。會賺錢很重要，學會用錢賺錢更重要。

小 測 驗

7-1

樂透的中獎機率有多高？我每期都買，有一天總會中獎吧？

答
案

7-2

假設一檔股票的價格是 20 元，某年可領股利 1 元，請問報酬率是多少？

答
案

79

答案見第158頁

第8課

窮媽媽和富媽媽

靠投資翻轉人生

有些人的家裡很窮，但生活節儉一點，也能過得很快樂。想要過好一點的生活，除了努力賺錢，也要學會投資，讓錢自動賺錢，這樣才能翻轉人生。

女兒 我的零用錢太少了，隨便買個零食，我就變成窮人了……

爸爸 零用錢本來就不能全花光，想要有錢，要先學會存錢。

女兒 這個月存了錢，下個月可能又會不夠用，該怎麼辦？

爸爸 妳應該想辦法賺「被動收入」，讓錢自己去賺錢，以後就不用煩惱沒錢了。

窮媽媽和富媽媽

我從小住在台北市北投區，五十幾年前是農村時代，大多數人以務農為生，我的阿公是種田的農夫，爸爸在菜市場租了一間米店賣米。家裡住的是三合院，阿媽養了一些雞、鴨、鵝等家禽，還養了一頭耕田的黃牛和兩隻母豬。當時是三代同堂，家裡的經濟大權都掌握在阿公跟阿媽手上。

在農村時代，大家都很窮，沒有給小孩零用錢的習慣，我只能努力讀

書，然後考很多個一百分，再去跟阿公要獎學金。小時候我很愛存錢，把五元、十元的獎學金乖乖地存起來，一年大概可以存一百多元。

在農曆春節，小孩最期待的就是壓歲錢了，當時一個紅包大約是十元、二十元，我又可以拿到一百多元的壓歲錢。可是每年的結局都一樣，我辛苦存的獎學金和壓歲錢，都會被媽媽拿走，因為她比我還窮，她當時就是窮媽媽。

窮媽媽是家庭主婦，沒有工作收入，但之後靠著投資股票，每年領股利，養活了一家人，最後變成了富媽媽。

靠投資翻轉人生

在我小時候，爸爸、媽媽經常為了錢而吵架，但是錢都在阿公手上。有一次窮媽媽要帶我和表弟去遊樂園玩，我們先到米店找爸爸要錢，可是要了半天，爸爸只肯給我們 100 元，等我們到了火車站準備上車時，爸爸才又送來 100 元，這件事讓我一直印象很深刻。

農村時代的媽媽大多在家照顧小孩，所以我的窮媽媽沒有在外面上過一天班，不過她很會縫紉，在家裡幫人縫衣服或做手工活來賺外快。

在我讀高中時，阿公過世了，爸爸和叔叔分家之後，我們一家的收入才得以自主，生活才稍微改善。可是在我考上大學時，

我爸爸生病，家裡又沒錢了，窮媽媽在米店幫忙看店時，只能順便縫衣服來賺錢。

💲 窮媽媽用股利養全家

在我大學畢業去當兵時，我爸爸不幸因病去世，家裡的經濟再次陷入困境，一直到了窮媽媽做了一件事情之後，家裡的經濟才開始轉好，而且越來越好。在民國 70 年代，老家的三合院被建商收購，窮媽媽思考要如何善用這筆錢，最後決定把錢拿來投資股票。

她運氣很好，買到了未上市的台積電（2330），之後台積電股票上市，公司也開始賺錢並發放股利。靠著台積電每年發放的股利，讓我和弟弟、妹妹可以讀完大學和研究所，窮媽媽最後變成富媽媽，再也不用為錢而操心。

💲 我的岳母是富媽媽

接著再來講一下我另一個「富媽媽」，也就是我的岳母大人。岳父母當了一輩子的公務員，我的岳父很厲害，年輕時還拿過「十大傑出青年」的獎項，後來在行政院服務，也認識不少政府高官、法官和校長。

記得有一次我去參加他們的聚餐，那一餐吃了 5 千多元，讓我很吃驚，因為我讀大學和研究所的時候，每個月的生活費才 4 千元。我覺得，他們真的是有錢人，所以岳母就是我的富媽媽。

有富媽媽的好處是，在我結婚時，我的西裝、皮鞋、領帶……全部交給她打理，我不用出一毛錢。我太太的嫁妝有電視、洗衣機、冰箱……讓我好開心。

💲 退休金縮減 被動收入才可靠

富媽媽當了一輩子公務員，退休後拿到不錯的月退俸，可是在 2017 年政府推動年金改革，富媽媽的退休金被縮減了，每月收入馬上減少。

窮媽媽呢？一輩子都沒有上過班，所以不可能有政府退休金，但是台積電這家公司的業績越來越好，每年孝敬她幾百萬元的現金股利。

富媽媽和窮媽媽的最主要差別就在於「主動收入」和「被動收入」。

富媽媽一輩子都在工作賺取「主動收入」，可是後來時代變了，退休金減少，年紀大了，也無法再繼續工作賺錢。

第8課 窮媽媽和富媽媽

　　窮媽媽卻是靠著投資台積電這個「資產」，幫自己創造「被動收入」，股利會源源不絕進來。

　　工作賺錢很重要，但是時代會不斷改變，退休金可能會變少，甚至不見，所以在年輕時要努力累積資產並創造「被動收入」，到老就可以領到很多股利當退休金。

第 9 課

金斧頭和銀斧頭

黃金 來自宇宙的禮物

大家都喜歡黃金，會買金飾來佩戴，或買金條、金幣來投資，很多人也會拿黃金當禮物送給親朋好友。黃金是保值的投資商品，除了實體黃金，也可以投資黃金存摺。

女兒 金飾好漂亮，而且很有價值，我有錢的話，想買金飾存起來。

爸爸 想存黃金，不一定要直接買金飾，也能利用黃金存摺。

女兒 以黃金存摺來存黃金，那我就拿不到實體黃金囉？

爸爸 黃金存摺中的黃金，主要是買來賺價差，但也能換成金條、金幣等，只是沒法換成金飾。

金斧頭和銀斧頭

從前有一位樵夫，外出砍柴時，斧頭不小心掉到湖裡，他難過地在湖邊大哭。

就在這時，湖裡的女神出現了，她拿出一把金色斧頭問樵夫：「這把金斧頭是你的嗎？」樵夫說：「這不是我的斧頭。」

女神又從湖裡拿出另外一把銀斧頭，再問他：「那麼，這把銀斧頭是你掉的嗎？」樵夫再度搖搖頭說不是。

最後，女神又潛入湖底，拿出一把生鏽的鐵斧頭，樵夫一看是自己的斧

頭，非常開心地說：「謝謝女神，這就是我掉的斧頭。」女神讚賞樵夫的誠實，便將金斧頭和銀斧頭都送他。

樵夫的朋友聽到後很嫉妒，有一天，他故意將自己的鐵斧頭丟入湖裡，並假裝哭泣。

果然，沒多久女神出現了，她問樵夫的朋友：「這把金斧頭是你的嗎？」他非常開心地說：「是的、是的，這就是我掉的斧頭！」

女神知道他在說謊，非常生氣，於是帶著金斧頭潛入湖底。貪心的樵夫不但沒有得到金斧頭，就連自己的鐵斧頭也拿不回來。

黃金 來自宇宙的禮物

自古以來，黃金被視為極珍貴的金屬，樵夫能堅守誠信、不為所動，令人讚許。我們就從「金斧頭和銀斧頭」的故事，來討論一下黃金的形成與價值。

黃金是由宇宙中「超新星」爆炸瞬間的高溫、高壓所合成，所以黃金其實和隕石一樣，是來自宇宙。

不過，什麼是超新星？當恆星的重量達太陽的 10 倍以上，且生命終了時，就會產生大爆炸。爆炸時的高壓和高溫會生成許多元素，包括金、銀、銅、鐵，這些元素將會成為新生恆星或行星的材料。例如，出現在冬天的獵戶座有一顆亮星叫「參宿四」，就是一顆超新星，最近天文學家發現它的亮度持續減弱，有可能即將爆炸。

目前，地球上的黃金大約有 60 億噸，但多數黃金因為重量的

關係都在地心、地殼裡，只有當火山爆發時，才能將地殼裡的黃金帶到地表，也因為開採困難，使得實際開採數量僅約 19 萬噸，所以非常貴重！

黃金主要有工業和商業用途，很多人不知道，人手一支的手機裡也有黃金。當爸爸、媽媽買了新手機，將舊手機拿到電信行回收後，廠商可以將手機裡電路板的黃金提煉出來，這就是工業用途。

而商業用途就是投資，例如，購買黃金條塊、金幣、黃金存摺，在價格便宜時買進、在價格昂貴時賣出，就能賺到價差。

💲 黃金哪裡買？

1 實體黃金

黃金條塊、金幣、戒指、項鍊等，可以到銀樓購買。好處是摸得到、看得到；缺點是若遺失、被偷走，損失慘重。

2 黃金存摺

先去銀行開戶，再買賣黃金，通常以 1 公克為單位，例如買進 1 公克黃金大概需要 1,600 元，我們只會在存摺上看到買進 1

公克，實體黃金則交由
銀行保管，不會有遺失
或被偷走的風險。

等到黃金累積至一
定數量，例如存到 100
公克，還可以到銀行辦理領回。不過，申辦黃金存摺最主要的目
的還是賺價差，例如你在 1,600 元買進，在 1,800 元時賣出，每
公克便可賺到 200 元。

💲 戰亂時黃金的價值

打仗時，因為國家有可能滅亡，使得國家發行的鈔票變得不
值錢，此時，獲得大家認同、具有一定價值的黃金會取代貨幣，
黃金價格因此大幅上漲。例如 1990 年波斯灣
戰爭期間，國際金價大幅飆漲，
投資黃金的人就賺了很
多錢。

右側這張鈔票是 100
兆元辛巴威幣，但只能兌換

台幣 10 元,只夠買 1 包科學麵。為什麼辛巴威的鈔票會這麼不值錢?因為政府印了太多鈔票。

假設 1 塊麵包本來是 20 元,因為政府印了很多鈔票,把麵包都買走,拿去養軍隊,麵包變少了,老百姓只能用 30 元搶購;於是政府又印了更多鈔票,用 40 元將麵包買走,老百姓只能用更多錢去買麵包。

只要政府不斷印鈔票,麵包的價格就會越來越貴,也就是鈔票越來越不值錢。這時候大家就不再相信它的價值,所以辛巴威幣的面額就算高達 100 兆元,也只能換台幣 10 元。在鈔票不值錢的國家,黃金就成為大家信賴的貨幣。

價差

價差=賣出價格-買進價格

當買進價格<賣出價格,就能賺錢;相反的,當買進價格>賣出價格,就是虧錢。一般賺價差是指在便宜價時買進,在高價時售出。

第10課

綜合巧克力
用ETF買一籃子股票

巧克力人人愛,但每個人都有各自喜好的口味,只要買一盒綜合巧克力,大家就能挑選自己喜歡的口味吃。投資 ETF 就像買綜合巧克力,可以省去挑選股票的麻煩。

女兒 我想買股票投資，但股市中的公司那麼多，該怎麼挑選？

妳可以從生活中來找好公司的股票，例如 5G 手機很火熱，可以挑選製造半導體的公司。

女兒 可是我不懂這些高科技，怕會挑錯股票……

這樣的話，買 ETF 最合適了，省了挑選股票的麻煩，也能分散風險。

綜合巧克力

小朋友看過《阿甘正傳》這部美國電影嗎？它是一九九四年的奧斯卡最佳影片，故事很感人。在電影中，阿甘的媽媽對他說過一句話：「人生就像一盒巧克力，你永遠不知道你會得到什麼。」

阿甘小時候不夠聰明，時常遭到同學霸凌，就像吃到一顆很苦的巧克力；但是他努力不懈，後來成為億萬富翁，就像吃到一顆很甜的巧克力。

小朋友有沒有想過，巧克力禮盒為

何大多是綜合口味呢？如果只有一種口味，例如香蕉口味，萬一大家正好都不喜歡，不就都賣不出去了嗎？

　　所以最好的方式是，把巧克力禮盒包裝成綜合口味，不僅讓人有新鮮感，每個人也可以挑選自己喜歡的口味。綜合巧克力禮盒買回家後，媽媽可以選最愛的白巧克力，妹妹可以挑最喜歡的草莓巧克力……大家都能開心吃自己喜愛的口味，還能品嘗更多新鮮的口味。

用ETF買一籃子股票

投資股票很像買巧克力禮盒，如果只買同一家公司的股票，萬一這家公司沒賺錢或倒閉了，該怎麼辦呢？就像買綜合巧克力一樣，你有多種口味可挑選，買了多家不同公司的股票，如果有一家公司不好，也不用擔心。

那麼該買哪些公司的股票呢？我們可以從日常生活的經驗來判斷。

爸爸、媽媽是不是有「蘋果」的iPhone手機？小朋友有沒有看過「迪士尼」的卡通和電影？在「麥當勞」吃漢堡、喝「可口可樂」，是不是很開心？寒暑假出國玩的時候，有沒有搭乘「波音」的飛機？家裡的電腦用的是不是「微軟」的作業系統？

上面這6家公司都從大家的日常生活中賺到錢，如果我們也買進這些公司的股票，他們就會幫我們賺錢。這6家公司都是美國道瓊指數的成分股，只要買進國泰美國道瓊ETF（00668），就能同時買到這6家公司的股票。

ETF 就像是綜合巧克力

什麼是ETF呢？它就像是綜合巧克力禮盒，組合了多家公司的股票。例如00668這檔ETF有30檔道瓊的成分股，相當於30種口味。

台灣股市有將近2千家公司，總不能做成一盒有2千種口味的巧克力吧！當然要從中挑選出最適合大家的口味，舉例而言，元大台灣50（0050）這檔ETF，就是從台灣股市中挑選出市值最大的50檔股票，0050就相當於是一盒有50種口味的綜合巧克力。

買進0050，就等於持有台灣最大的50家公司，像是台積電、鴻海、大立光、聯發科、國泰、富邦、台塑、台泥……所有公司都在認真的幫你賺錢，你就能像阿甘一樣變成有錢人。

第11課

巴菲特滾雪球

努力存錢 用錢滾錢

巴菲特是全球知名的投資家，靠著「滾雪球」的方式賺到很多錢。學習巴菲特爺爺從小開始存錢，長大之後你就會有錢投資，再用錢來滾錢，累積自己的財富。

女兒 又有新 iPhone 上市了，爸爸買一支給我，好不好？

手機好用最重要，沒必要每年換新，先把錢存下來，以後用於投資，就能賺到更多錢。

女兒 這麼好？用錢就能賺錢嗎？

沒錯！這就是投資的好處，聰明用錢滾錢，就像滾雪球，妳的錢就會越來越多。

巴菲特滾雪球

有「股神」稱號的巴菲特（Warren Buffett）是有史以來最成功的投資人，他是投資人的偶像，大家都希望有一天能跟他一樣有錢！

巴菲特到底多有錢呢？他的總財產高達八百五十六億美元，用一美元兌換台幣二十八元來計算，約二兆四千億元，把他的財產平均分給台灣二千三百萬人，不分男女老幼，每個人約可以分到十萬四千元，巴菲特真的是富可敵國啊！

巴菲特為什麼會這麼有錢呢？他

靠的是「雪球投資術」。台灣位於亞熱帶，除了高山之外，冬天都不會下雪，小朋友幾乎沒玩過滾雪球的遊戲。小雪球只要一直滾，就會越變越大，巴菲特以滾雪球的方式投資，財產會自動越滾越大。

巴菲特說，滾雪球有兩個重點，首先要找到夠濕的雪，雪越濕，就可以黏上越多的雪花，然後再找到很長的坡道，雪球就會越滾越大。

以投資理財來說，越潮濕的雪代表報酬率越高，而坡道長度則代表投資時間，時間越長，效果越好。所以投資股票跟滾雪球一樣，除了要有穩定的報酬率，更要有長時間的堅持。

努力存錢 用錢滾錢

我先帶大家了解一下報酬率。假設小明用10元買了1包糖果，然後用11元賣給同學，表示小明用10元賺了1元，這次交易的報酬率是10分之1，也就是10%。

在投資的世界中，報酬率是以「年」為單位，例如：甲公司用100萬元的本金，在1年中賺了10萬元，年報酬率是10%，他的

第 1 年

本金變成100＋10＝110萬元；如果明年的報酬率一樣是10%，表示會賺到11萬元，到時候本金就會變成110＋11＝121萬元。

從這個案例可以看出，只要能有穩定的報酬率，隨著投資年數增加，你的錢就會像滾雪球一樣越來越多。

💲 滾的雪球越大越好

前面說到，小明用10元買糖果，賣給同學賺了1元，如果小明用100元買糖果，就可以賺到10元。用比較多的本金去投資，就像是拿比較大的雪球來滾，滾出來的雪球也會比較大。

也就是說，如果我們一開始存的錢比別人多，將來用錢滾出來的錢，也會比別人多很多。所以我們從小就要知道存錢的重

121 萬   133.1 萬

第 2 年   第 3 年

要，將來才有更大的本金來滾雪球。可是存錢好像很痛苦，一直都不能買自己喜歡的玩具和零食，怎麼辦？

💲 不要急著吃棉花糖

美國的史丹福大學曾經做過一項實驗，把小朋友單獨留在房間裡，給每人1塊棉花糖，小朋友可以選擇馬上吃掉，如果願意忍耐15分鐘不吃掉，就可以多得到1塊棉花糖當獎賞。

研究人員發現，願意忍耐不馬上吃掉棉花糖來等待獎賞的小朋友，長大以後大多比那些馬上吃掉棉花糖的小朋友成功，因為他們願意犧牲眼前的享受，來換取未來更大的回報。

小朋友們，如果你願意學習忍耐，把零用錢和考100分的獎金統統存起來，而不是全部拿去買玩具和零食，長大後，你用來投資的錢就會比別人多，用錢滾出來的錢也會比別人多很多，這樣一來，你就可以買到更多的玩具和零食。先苦後甘的感覺，真的好棒！

第11課
巴菲特滾雪球

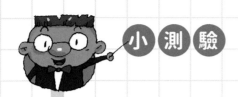

小 測 驗

11-1

滾雪球時，想要讓雪球越滾越大有哪2個重點？

答案

11-2

先苦後甘和先甘後苦，哪一個會存到比較多錢？

答案

117

答案見第158頁

第12課

三隻小豬

腳踏實地賺錢

上班賺錢很辛苦，不過有一種方法可以不工作也能賺到錢，那就是投資，但是不工作不代表什麼事情都不做，投資想賺錢，一樣要腳踏實地的做功課研究，不可以亂買一通。

女兒 念書好累喔，真想每天都放假！

可是妳不念書，長大就不能進好公司上班，賺很多錢呀！

女兒 上班賺錢也好辛苦喔，有沒有什麼方法可以不工作就有錢賺呢？

其實有，就是投資，但投資可不是什麼事情都不做喔！

三隻小豬

豬媽媽和三隻可愛的小豬住在一個遙遠的山村裡，有一天豬媽媽告訴三兄弟：「你們都長大了，應該要自己蓋一間房子，獨立過生活了喔。」三隻小豬便告別媽媽，外出尋找蓋房子的地點。貪睡的豬大哥隨隨便便蓋了一間茅草屋，就趕快躺下來睡午覺；愛吃的豬二哥用樹枝快速蓋了一間小木屋，就趕快

去找點心吃；只有勤勞的豬小弟，認真地蓋了一間堅固的磚屋。

有一天來了一隻飢餓的大野狼，聞到了三隻小豬的味道。他首先找到了豬大哥，大野狼用力一吹就把豬大哥的茅草屋吹垮了，豬大哥趕緊逃出家門，躲到豬二哥的家裡。

這時候大野狼又追來了，用力一撞就把小木屋撞倒了，豬大哥和豬二哥趕忙跑去找豬小弟求救，大野狼也跟著追了過來，可是豬小弟用磚頭蓋的房子很堅固，不管大野狼怎麼用力吹、用力撞，都無法成功，只好很生氣地離開了。

123

腳踏實地賺錢

豬大哥跟豬二哥因偷懶或怕麻煩，蓋出的房子一點都不牢固，還差點被大野狼吃掉，只有豬小弟認真蓋房，順利逃過一劫，並拯救了兩個哥哥。「三隻小豬」的故事提醒我們，要跟豬小弟一樣腳踏實地和勤勞，不可以偷懶和投機取巧。

在學校的時候要認真讀書，學習有用的知識跟技能；長大後出社會上班，也要認真工作賺錢，有了穩定的工作收入，才可以買房子、建立家庭並撫養小孩。如果沒有穩定的工作收入，繳不起房貸和小孩子的學費，就不會有一個幸福快樂的家庭。

房子是保護我們安全的地方，最重要的是穩固跟安全，當地震或颱風來臨時，可以保護我們的生命與財產，如果隨便蓋了一

間不堅固的房子，就算你在家裡藏了很多金銀財寶，一旦房子被破壞，你的財產也會統統不見。

投資股票的觀念也是一樣，如果一檔股票背後的公司跟茅草屋、小木屋一樣弱不禁風，很快就倒閉了，你辛苦投入的資金也會化為烏有。所以投資股票之前，要先挑選像磚屋一樣堅固，不容易倒閉、規模很大又有在賺錢的好公司。

例如大人和小朋友都喜歡光顧的7-11（統一超商），街頭巷尾都可以看到它的蹤跡，而且每間生意都很好。還有人手一支的智慧型手機，要上網就一定要有網路服務，而中華電信是國內最大的網路服務業者，只要大家講電話或上網，中華電信都會賺到錢。統一超商和中華電信都是規模很大、不容易倒閉、而且有穩定賺錢的好公司，這類公司的股票就可以長期投資。

💲 理財 9 字訣 穩紮穩打

有了穩固的資產，就可以產生穩定的收入。下面再教小朋友「理財9字訣」，幫忙打造資產。

大家有玩過戰爭模擬遊戲嗎？玩這類遊戲首先要建立穩固的城牆，抵抗敵人的攻擊，再來要努力挖礦，才有錢去蓋工廠和生

產部隊，最後則是要有耐心，建立強大的部隊後，再去攻擊敵人。按部就班做好這3步驟就有機會成功，而這3步驟可以用9個字來形容，以下分別說明。

1 高築牆

穩固的城牆可以抵禦敵人的攻擊。人生中會碰到很多意外，有堅固的堡壘，就能面對可能的挑戰。例如：有穩定的工作，就不怕被裁員；買進不容易倒閉的公司，股票就不會變壁紙；或是有一間好店面，就可以穩定收租金。

2 廣積糧

古時候打仗最重要的就是士兵的糧食，現代人玩遊戲也要努力挖礦，有源源不絕的糧食和礦物，才可以打勝仗。上班工作可以領到薪水、好公司的股票會發放股利、店面也可以收取租金。有了這些收入之後，你的家庭就會有源源不絕的現金流，不僅可以支付日常生活花費，剩下的錢還可以拿來買進更多的股票跟店面，創造更多財富。

3 緩稱王

想成功，千萬不能著急、要有耐心，以免「呷緊弄破碗」。有些人急著想賺大錢，聽到謠言說什麼股票會大漲，自己沒好好

研究，就趕緊拿錢去買，結果錢都虧光，反而變成窮人。仔細想一想，如果你知道哪檔股票會大漲，你會告訴別人嗎？投資最重要的還是要腳踏實地，不要隨便聽信明牌，太貪心的下場往往就是變貧窮。

小故事大啟示

偷懶沒有好下場

「三隻小豬」的故事告訴我們，做任何事情都要「腳踏實地」，不可以「偷懶、貪快」，也切勿「好高騖遠」。想要擁有很多財富，必須有耐心，靠著工作存錢、投資理財，建立穩固的根基，再來才能依據自己所累積的資產，設法讓財富翻倍。不要聽到別人說有快速賺錢的方法，或一定會漲的股票，就傻傻的把錢投入。要謹記「貪＝貧」，太貪心就會被壞人欺騙，你反而會變成窮人。

第13課

龜兔賽跑

慢慢走 比較快

小朋友看過烏龜爬行嗎？烏龜爬行的速度雖然很慢，但步伐穩健，只要不斷向前進，一樣能抵達終點。投資時要挑年年賺錢的公司，即使報酬率不高，但慢慢累積，一定能創造佳績。

女兒 我同學的爸爸買了一家公司的股票，之前大賺，現在卻慘賠，給他的零用錢也因此取消了。

爸爸 所以說，我們投資股票，一定要選擇獲利穩健的公司，才能走得長久。

女兒 就像「龜兔賽跑」裡的烏龜一樣嗎？

爸爸 沒錯，要先求穩，再求好。

龜兔賽跑

兔子常嘲笑烏龜爬得很慢，自己隨便走都可以贏他，烏龜聽了之後很不開心，便對兔子說：「既然你那麼厲害，光用嘴巴說沒有用，我們來賽跑，一決勝負吧！」兔子很驕傲，心想自己隨便跑都會贏過烏龜，便很臭屁地答應了這場比賽。

比賽當天，裁判小羊鳴槍後，兔子便一溜煙地衝了出去，把烏龜拋得老遠，跑了好一段路之後，他回過頭來尋找烏龜的蹤影，但怎麼看都沒看

到，於是決定停下來等烏龜，等看到烏龜時再嘲笑他一番。

可是等了好久，兔子覺得無聊了，心想反正烏龜爬得那麼慢，乾脆在旁邊柔軟的草地上小睡一下子好了。就在兔子沉睡的同時，烏龜拖著沉重的步伐出現了，他

小心翼翼的沒有驚醒兔子，一步一步爬向終點。等到兔子睡醒時，烏龜早已抵達終點，贏得這場比賽。

慢慢走 比較快

小羊是飲料店的老闆，他有烏龜和兔子兩個員工，烏龜每天都準時上班並認真工作，每天可以穩定賣出 200 杯飲料；可是兔子完全看心情工作，而且常常偷懶，心情好的時候一天可以賣 200 杯飲料，偷懶的時候一天只賣 50 杯，甚至跑去躲起來睡覺，一杯都沒有賣掉。如果你是小羊，你會喜歡哪個員工呢？

選擇烏龜當員工，可以每天賣出很多杯飲料，也就是穩定賺錢；但如果是用兔子當員工，飲料店就有可能賺錢，也有可能會賠錢了。

經營一家公司，穩定賺錢最重要，例如小羊聘請烏龜當員工，賺到錢之後可以再去開第 2 家、第 3 家飲料店，賺取更多的營收。

投資世界有一句名言：「慢慢走，反而比較快」，是不是跟「龜兔賽跑」很類似呢？投資一家公司最重要的是有穩定的收入，如果收入不穩定，例如今年大賺、明年卻大賠，後年則要看運氣，你敢投資這家公司嗎？

下面來說一個大公司老闆學習烏龜精神，帶領公司成長進步的小故事。廣達電腦是台灣製造電腦的大公司，創辦人林百里覺得，經營公司要像烏龜一樣：頭抬很高，放眼未來，腳踏實地，穩健前進。就是這一套「烏龜哲學」，引領廣達電腦成為全世界最大的筆記型電腦代工廠。

所以說，有時候慢慢走，真的會比較快。

72 法則

假設小華投資一家公司 100 萬元，預計年報酬率是 6%，第一年可以賺到 100×6% ＝ 6 萬元，他的總資金就變成 100 ＋ 6 ＝ 106 萬元；如果第 2 年的報酬率一樣是 6%，他的 106 萬元可以賺到 106×6% ＝ 6.36 萬元，總資金變成 106 ＋ 6.36 ＝ 112.36 萬元。由此可見，只要有穩定的報酬，小華的錢就會越來越多。

小華需要多少年的時間，100 萬元才會變成 200 萬元呢？這時可以運用「72 法則」來計算。方法很簡單，把 72 除以報酬率就是資金變成 2 倍的年數。舉例來說，小華公司的年報酬率是 6%，72÷6 ＝ 12，也就是說，12 年後小華的 100 萬元就會變成 200 萬元了。

如果小華的報酬率變成 12%，72÷12 ＝ 6，代表只要花 6 年的時間，小華的 100 萬元就會變成 200 萬元。從上面的說明可以看出，投資最重要的是要有穩定的報酬率，你的錢就可以每年穩定的增加。如果可以提升報酬率，賺錢的速度就會更快。

不過要提醒的是，報酬率並不是越高就越好，因為高報酬的投資，也會有更高的風險。就像兔子雖然跑得快，但不保證能贏得比賽。所以最重要的還是要有穩定的報酬率，烏龜雖然爬得比較慢，但只要持之以恆，一樣可以成功。

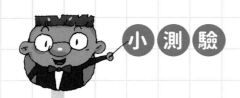小 測 驗

13-1
一家獲利穩健的公司具備什麼特質？

答案

13-2
要如何成為好公司的股東呢？

答案

第14課

玩蹺蹺板

借力使力 實現夢想

玩蹺蹺板時，只要坐在最外側，請對手坐在另一端離中心點近一些的地方，就可以輕鬆將對手舉起，這就是「槓桿原理」，而它不只運用在力學上，也可以套用在投資理財喔！

女兒 我今天跟同學玩蹺蹺板，而且輕鬆把對手舉起來喔！

爸爸 很棒，表示你知道什麼是「槓桿原理」。

女兒 槓桿原理？那是什麼？

爸爸 它是一種力學的概念，可運用在我們的生活中，包括投資理財。

玩ㄨㄢˊ蹺ㄑㄧㄠ蹺ㄑㄧㄠ板ㄅㄢˇ

小ㄒㄧㄠˇ明ㄇㄧㄥˊ下ㄒㄧㄚˋ課ㄎㄜˋ時ㄕˊ，約ㄩㄝ了ㄌㄜ班ㄅㄢ上ㄕㄤˋ的ㄉㄜ好ㄏㄠˇ朋ㄆㄥˊ友ㄧㄡˇ小ㄒㄧㄠˇ華ㄏㄨㄚˊ和ㄏㄢˊ小ㄒㄧㄠˇ美ㄇㄟˇ一ㄧ起ㄑㄧˇ玩ㄨㄢˊ蹺ㄑㄧㄠ蹺ㄑㄧㄠ板ㄅㄢˇ，並ㄅㄧㄥˋ且ㄑㄧㄝˇ跟ㄍㄣ兩ㄌㄧㄤˇ人ㄖㄣˊ打ㄉㄚˇ賭ㄉㄨˇ，自ㄗˋ己ㄐㄧˇ一ㄧ個ㄍㄜ人ㄖㄣˊ就ㄐㄧㄡˋ可ㄎㄜˇ以ㄧˇ把ㄅㄚˇ他ㄊㄚ們ㄇㄣ兩ㄌㄧㄤˇ人ㄖㄣˊ撐ㄔㄥ起ㄑㄧˇ來ㄌㄞˊ，如ㄖㄨˊ果ㄍㄨㄛˇ失ㄕ敗ㄅㄞˋ，就ㄐㄧㄡˋ要ㄧㄠˋ請ㄑㄧㄥˇ他ㄊㄚ們ㄇㄣ喝ㄏㄜ飲ㄧㄣˇ料ㄌㄧㄠˋ。三ㄙㄢ人ㄖㄣˊ達ㄉㄚˊ成ㄔㄥˊ共ㄍㄨㄥˋ識ㄕˋ後ㄏㄡˋ，小ㄒㄧㄠˇ明ㄇㄧㄥˊ請ㄑㄧㄥˇ小ㄒㄧㄠˇ華ㄏㄨㄚˊ和ㄏㄢˊ小ㄒㄧㄠˇ美ㄇㄟˇ坐ㄗㄨㄛˋ在ㄗㄞˋ蹺ㄑㄧㄠ蹺ㄑㄧㄠ板ㄅㄢˇ的ㄉㄜ另ㄌㄧㄥˋ一ㄧ頭ㄊㄡˊ，自ㄗˋ己ㄐㄧˇ則ㄗㄜˊ坐ㄗㄨㄛˋ在ㄗㄞˋ他ㄊㄚ們ㄇㄣ對ㄉㄨㄟˋ面ㄇㄧㄢˋ這ㄓㄜˋ頭ㄊㄡˊ，並ㄅㄧㄥˋ且ㄑㄧㄝˇ特ㄊㄜˋ意ㄧˋ挑ㄊㄧㄠ選ㄒㄩㄢˇ最ㄗㄨㄟˋ靠ㄎㄠˋ外ㄨㄞˋ側ㄘㄜˋ的ㄉㄜ座ㄗㄨㄛˋ位ㄨㄟˋ。

準ㄓㄨㄣˇ備ㄅㄟˋ就ㄐㄧㄡˋ緒ㄒㄩˋ後ㄏㄡˋ，小ㄒㄧㄠˇ明ㄇㄧㄥˊ大ㄉㄚˋ喊ㄏㄢˇ一ㄧ聲ㄕㄥ「開ㄎㄞ始ㄕˇ」，三ㄙㄢ人ㄖㄣˊ就ㄐㄧㄡˋ把ㄅㄚˇ屁ㄆㄧˋ股ㄍㄨ對ㄉㄨㄟˋ準ㄓㄨㄣˇ座ㄗㄨㄛˋ椅ㄧˇ往ㄨㄤˇ下ㄒㄧㄚˋ壓ㄧㄚ，穩ㄨㄣˇ穩ㄨㄣˇ地ㄉㄜ坐ㄗㄨㄛˋ下ㄒㄧㄚˋ去ㄑㄩˋ。

一開始，小華和小美還很有自信，認為自己一定會贏，畢竟是兩個人的重量對上小明的重量，但是隨著三人的重心慢慢往下壓，小華和小美發現，自己的雙腳怎麼離地面越來越遠，最後竟然整個騰空，而對面的小明則是雙腳踩地，笑嘻嘻地從下方往上看著他們。很顯然的，小明贏得了這場比賽。

小明之所以會很有自信地向小華和小美挑戰蹺蹺板比賽，是因為前一天他才從爸爸口中學到什麼是「槓桿原理」：只要施力的距離大於抗力的距離，就可以輕鬆舉起大於自己好幾倍的重量！

143

借力使力　實現夢想

試想一下，當你長大出社會工作以後，會選擇當公司的員工辛苦賺錢，還是當老闆靠很多員工來幫你賺錢呢？

在一家公司當小員工非常辛苦，首先要用 10 幾年的時間讀書（國小 6 年、國中與高中各 3 年、大學 4 年，還有研究所……），學習新知識，出社會後還要每天工作 8 小時，甚至加班到晚上，工作到 65 歲才能退休。

但是公司的老闆，只要支付適當的薪水，就可以聘請一大堆員工來幫公司賺錢；例如大家很常去的便利商店，白天有 3 個員工，晚上則有 2 個，這樣子就有 5 個員工在幫店長賺錢，比起店長一個人辛苦賺錢，5 個員工賺錢的速度就是店長一個人的 5 倍。

老闆聘請員工的概念，就是「槓桿原理」的最佳體現：在

對的施力點上施加一點小小的力量，即可舉起大於自己數倍的重量；老闆善用員工的知識和時間來幫他賺錢，比自己一個人賺錢還要省力，而且能獲得更多報酬。

💲 向銀行借錢買房、買股票

槓桿原理不只能應用在創業當老闆，也可以運用在買房子和投資的場合。

借房貸買房

買一間1千萬元的房子，不用真的要存到1千萬元再買，因為可以跟銀行申請「房貸」。例如只要先付出自己存下的 300 萬元頭期款，再跟銀行借 700 萬元的房貸，就可以買下來。這時候的槓桿倍數＝ 1,000 萬 ÷300 萬＝ 3.3 倍，意即付出 300 萬元，就可以買下 3.3 倍的商品。

融資買股票

在股票市場中，有些股票一張只要幾萬元，但是有些股票卻很貴，一張要幾十萬甚至幾百萬元。如果錢不夠，但又很想買股

票，就可以跟證券商借錢，把股票抵押，並支付利息，這就是所謂的「融資」。融資交易只要自己準備 40% 的資金，槓桿倍數＝ 100%÷40% ＝ 2.5 倍。

例如小明想要買進一張 100 萬元的股票，但是他手上只有 40 萬元，就可以跟證券商借 60 萬元，湊足 100 萬元來買股票，這時候的槓桿倍數＝ 100 萬 ÷ 40 萬 ＝ 2.5 倍。只是跟證券商借的 60 萬元要繳交利息，而且年利率不低，約 6% ～ 7%。

小明跟證券商借了 60 萬元，必須將價值 100 萬元的股票抵押，融資維持率＝股票現值（100 萬）÷ 融資金額（60 萬）＝ 166%。融資維持率越高，證券商就會越安心，萬一股價下跌，導致原先價值 100 萬元的股票，只剩下 78 萬元的價值，融資維持率就會變成：股票現值（78 萬）÷ 融資金額（60 萬）＝ 130%。

當融資維持率降到 130%，證券商就會開始緊張，並發出「融資追繳通知」，要小明補繳「保證金」，例如繳交 22 萬元，加上抵押在證券商的價值 78 萬元股票，總價值是 100 萬元，當融資維持率達到 166% 後，就會撤銷融資追繳通知。

萬一小明沒有錢繳交保證金，而股價又一直下跌的話，證券商就會將抵押的股票全部賣出，這就稱為「斷頭」。例如當股票

價值只剩下 60 萬元時，證券商會將小明融資買進的股票全部賣出，得到的 60 萬全部都是屬於證券商的，因為小明跟證券商借了 60 萬。如此一來，小明的 40 萬元就有如「肉包子打狗」，一去不回。

借錢投資要謹慎

小明向證券商借錢買股票的故事告訴我們，融資買股票雖然可以「以小博大」，拿出一筆本金，可得到 2.5 倍的報酬，但是賠錢的速度也是 2.5 倍喔！而且還要付出高昂的利息，所以一定要小心謹慎。

過去多次股災降臨的時候，不少人慘遭「融資斷頭」，不僅賠光身家，甚至還欠一屁股債務，所以用融資買進股票，一定要很謹慎。

第15課

超商的咖啡

資產和負債

你知道窮人與富人的差別是什麼嗎？窮人買進「負債」，而富人則是買進「資產」，以超商的咖啡為例，購買咖啡的行為是買進負債，購買因咖啡而賺錢的公司股票，就是買進資產。

女兒　咖啡有那麼好喝嗎？爸爸每天都要來一杯。

咖啡不僅好喝，還可以提振精神喔！　

女兒　這樣每天喝不是會花很多錢嗎？

放心！爸爸的咖啡其實沒花錢，都是買股票賺股利換來的！

超商的咖啡

台灣大街小巷到處都有便利商店，不管什麼時候都可以進去買東西，真的很方便。小朋友有沒有發現，許多上班族每天都會去便利商店買咖啡？你知道，超商一年可以賣出多少杯咖啡嗎？

根據民國一百零八年的統計資料，全家便利商店賣出一‧四億杯咖啡，而統一超商更是賣出三‧四億杯，合起來一年共賣出四‧八億杯的咖啡，

你知道，兩大超商單靠咖啡就能賺多少錢嗎？

超商的咖啡售價從最便宜的二十五元到最貴的七十五元，平均一杯大約是五十元嗎，扣掉原物料和人事成本後，假設賣一杯咖啡淨賺二十五元，那麼四‧八億杯就賺進了一百二十億元，難怪市場上都把咖啡稱為「黑金」，因為它真的是「黑色的黃金」。

資產和負債

為什麼上班族喜歡喝咖啡？因為工作非常辛苦，每天都要一大早出門，晚上再帶著疲憊的身軀回家。為了提振精神，買早餐時會順便買杯咖啡，工作到下午又會再買杯咖啡來醒醒腦，下班時又會買一杯咖啡來犒賞自己，口袋的錢都默默貢獻給咖啡了。

小朋友有聽過「富人越富，窮人越窮」這句話嗎？如果你不想變窮，首先要避免錢從你的口袋流出去；想要變有錢，就要讓錢一直流入你的口袋中。

從兩大超商的咖啡銷售量，我們可以看到一個現金流動的現象，每年有 120 億元從上班族的口袋流出去，然後進到超商股東的口袋，所以超商的股東就會越來越有錢。

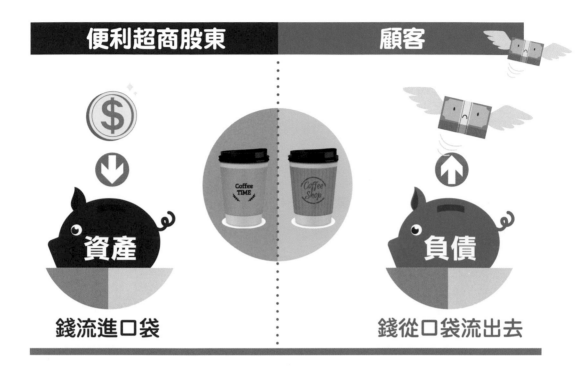

便利超商股東	顧客
資產	負債
錢流進口袋	錢從口袋流出去

💲 窮人與富人的差別

　　你的錢是經常從口袋流進還是流出，將決定你未來是富有或貧窮。這裡要先跟小朋友解釋一下什麼叫做「資產」，什麼又叫做「負債」。能把錢放進口袋的東西叫做資產，會把錢從口袋拿走的東西叫做負債。小朋友到超商買零食，錢就會從你的口袋流出去，當你使用手機時，也要繳交每個月的電信費，這些都是「負債」喔！因為錢會一直從你的口袋流出去。

可是，如果你是超商或電信公司的股東，錢反而會一直流進你的口袋，這就是「資產」。所以，如果你將來想要當有錢人，首先要避免買進負債，阻止金錢從你的口袋跑出去；再來最重要的就是要買進資產，讓錢一直流進你的口袋。

窮人與富人的最主要差別就是「窮人買進負債，富人買進資產」，一定要牢牢記住這句話。

$ 利用資產來買進負債

雖然買進咖啡是負債，但是不喝咖啡又沒有精神上班，那麼有沒有免費的咖啡呢？其實全家超商和統一超商每年都有發放現金股利給股東。以全家超商為例，如果上班族買進一張全家超商

的股票，一張股票是 1,000 股，2020 年每股發放 6.5 元的現金股利，一張股票可以拿到 6,500 元，因為錢是進到口袋裡，所以全家超商的股票是「資產」。

如果把這 6,500 元拿來買全家超商的咖啡，以一杯 45 元計算，可以買 144 杯。也就是說，只要先買進一張全家超商的股票（資產），全家超商就會請你喝 144 杯咖啡，不用花自己的錢來買進咖啡這個「負債」。

有錢人的思考方式就是「先買進資產，再用資產生出的錢來買進負債。」所以有錢人會越來越有錢，因為他買進負債（消費）都不用花自己的錢。

第7課解答

根據台灣彩券的官網資料，「威力彩」頭獎的中獎機率是 2,209 萬分之一，另外，據統計，被閃電擊中的機率約 60 萬分之一，中頭獎的機率比被閃電擊中還要低很多。

報酬率（殖利率）
＝股利÷股價＝1÷20＝5%

第11課解答

11-1

重點❶：找到夠濕的雪（報酬率夠高）；
重點❷：找到很長的坡道（投資時間很長）。

11-2

先苦後甘。先把錢存起來，才不會把錢花光，累積較多的本金後，才能滾出更多錢。

第13課解答

特質❶：公司販售的產品在市場上有競爭優勢。
特質❷：企業重視經營管理，經營者有能力帶領公司成長進步。

購買好公司的股票，就能成為該公司的股東，公司若賺錢也會分股利給你。

小朋友要把重點
記錄起來喔！

我的筆記

打造小小巴菲特
贏在起跑點

作　　者：陳重銘
繪　　者：蔡嘉驊

總 編 輯：張國蓮
責任編輯：師慧君、周明芳
美術設計：蘇月秋

董 事 長：李岳能
發　　行：金尉股份有限公司
地　　址：新北市板橋區文化路一段268號20樓之2
傳　　真：02-2258-5366
讀者信箱：moneyservice@cmoney.com.tw
網　　址：money.cmoney.tw
客服 Line@：@m22585366

製版印刷：緯峰印刷股份有限公司
總 經 銷：聯合發行股份有限公司

初版 1 刷：2021年4月（共41刷）
2 版 1 刷：2021年12月
2 版 47 刷：2024年9月

國家圖書館出版品預行編目（CIP）資料

打造小小巴菲特 贏在起跑點：
陳重銘的親子理財15堂課 /
陳重銘著；蔡嘉驊繪 . -
初版 . - 新北市：金尉, 2021.04
160面；19×26公分
ISBN 978-986-97390-8-5（精裝）

1. 親職教育 2. 子女教育 3. 理財

528.2　　　　110003911

Money錢